Ognuno può suonare
senza timore e senza esitazione
la nostra campana.
Essa ha voce soltanto
per un mondo libero,
materialmente più fascinoso
e spiritualmente più elevato.
Suona soltanto per la parte
migliore di noi stessi,
vibra ogni qualvolta
è in gioco il diritto contro la violenza,
il debole contro il potente,
l'intelligenza contro la forza,
il coraggio contro la rassegnazione,
la povertà contro l'egoismo,
la saggezza e la sapienza
contro la fretta e l'improvvisazione,
la verità contro l'errore,
l'amore contro l'indifferenza.
A.O.

ISBN 978-88-98220-10-6
terza ristampa settembre 2017

Edizioni di Comunità è un'iniziativa in collaborazione
con la Fondazione Adriano Olivetti
www.fondazioneadrianolivetti.it

Direzione editoriale: Beniamino de' Liguori Carino
Redazione: Angela Ricci

Progetto grafico: BeccoGiallo Lab

facebook.com/edizionidicomunita
twitter.com/edcomunita
www.edizionidicomunita.it
info@edizionidicomunita.it

Adriano Olivetti

Le fabbriche di bene

Presentazione di Gustavo Zagrebelsky

collana *Humana Civilitas/4*

Edizioni di Comunità

Indice

Le fabbriche di bene

Nota dell'editore

Le Edizioni di Comunità sono state fondate da Adriano Olivetti nel 1946, in un momento di profondo turbamento morale e di grandi speranze per la società, per contribuire alla ripresa culturale dell'Italia e per portare alla comprensione del tempo e del mondo un dialogo che parlasse alle persone delle loro mete, della loro vocazione e della loro responsabilità.
Il progetto di una società unita nella consapevolezza della centralità dei valori dello spirito e di quelli della cultura è ancora incompiuto, e oggi come allora è urgente che le opportunità del progresso tecnologico siano indirizzate alla costruzione di un mondo materialmente più realizzato e spiritualmente più elevato, di una società "a misura d'uomo".
Sono questi i temi di modernità di Adriano Olivetti.
L'adesione a questi principi qualifica il programma delle nuove Edizioni di Comunità che, a comincia-

re da questa collana, presentano l'opera completa di Adriano Olivetti. Sono infatti le sue parole quelle che più ci danno speranza, nel momento in cui il nostro tempo ci mette davanti alle nostre responsabilità senza più offrirci la possibilità di girare la testa.

Nell'attualità, nell'indicazione di metodo e nella validità delle realizzazioni olivettiane vive la convinzione che la fortuna di Adriano Olivetti come modello di sostenibilità è oggi vicina.

Presentazione

di Gustavo Zagrebelsky

Oggi, a distanza di più di mezzo secolo dalla scomparsa, Adriano Olivetti, la sua ricca, complessa e plurivalente figura umana, la sua proposta civile e politica, la sua azione culturale e imprenditoriale sono oggetto di riscoperta. Che si possa trattare anche di una rivincita dopo una sconfitta, lo dirà il futuro, certamente non un futuro vicino. La crisi del nostro mondo deve ancora procedere verso il fondo, prima che s'avverta, nella carne e nelle coscienze, l'urgenza di un cambio di paradigma. Quando ciò avverrà – e poco a poco sta avvenendo – la proposta olivettiana potrà apparire come una delle poche idee ed esperienze che la storia e il declino della democrazia nel nostro paese non hanno potuto corrompere. Intanto, notiamo che proprio il vuoto che fu creato allora attorno all'esperienza di Comunità ne ha preservato intatte le virtuali potenzialità: potenzialità che, essendo state soffocate sul nascere da un ambiente sordo, anzi ostile, e non essendo state messe alla prova se non in minima misura, rappresentano oggi una risorsa potenziale, un fondo di possibilità. Nel deserto di prospettive nel quale gira su se stessa la crisi politica e sociale odierna, che si pensa di poter curare rimettendo in moto le stesse forze che l'hanno determinata, la riproposizione di questi testi è una proposta di riflessione, su idee vecchie di sessant'anni ma, al tempo stesso, nuove, per tentare d'uscire dal circolo vizioso.

I due testi qui pubblicati sono eterogenei e complementari.
Il primo, del 1951, è una sintesi del progetto di Comunità, uno dei numerosi interventi di divulgazione, spiegazione, chiarimento e illustrazione d'una idea di convivenza civile che faceva fatica, non a essere accettata ma, ancor prima, a essere conosciuta e compresa. Adriano Olivetti, da subito dopo la fine della guerra, si dedicò appassionatamente a servire questa sua idea, attraverso un'opera incessante di proselitismo, al nord come al sud del nostro paese, tra lavoratori, intellettuali, e politici. Questo scritto è una testimonianza di coerente impegno intellettuale e civile.
Il secondo testo (*Dovete conoscere i fini del vostro lavoro*) è un discorso rivolto ai lavoratori della Olivetti, pronunciato nella fabbrica d'Ivrea nel giugno 1945, indirizzato agli operai subito dopo la Liberazione. È innanzitutto l'occasione per riallacciare i fili d'un di-

scorso e d'un progetto che gli eventi bellici avevano sospeso ma non interrotto. Il merito della ripresa nella continuità è attribuito alla dirigenza e al suo comportamento nei confronti degli occupanti tedeschi, un comportamento giudicato, nel complesso, accorto nell'intento di salvare l'integrità materiale e, per così dire, etica dell'azienda. Gli atteggiamenti intransigenti di non collaborazione si erano accompagnati, sì, ad altri, accomodanti. Ma, anche questi sono stati tenuti – riconosce Olivetti – al fine superiore di preservare dalla vergogna della collaborazione allo sforzo bellico nazifascista, e poi di salvare la fabbrica dalla distruzione da parte delle forze d'occupazione in ritirata. La dirigenza non si è discostata dalle maestranze, l'una e le altre accomunate dall'identico atteggiamento di difesa della loro fabbrica. «Ciascuno di voi in questi lunghi mesi ha compiuto il suo dovere. Taluni di voi, e soprattutto quelli più in alto nelle responsabilità, i dirigenti, ebbero difficili incarichi e fecero anche sacrificio di una cosa di cui ogni uomo deve essere gelosissimo: la loro stessa reputazione. Bisogna avere il coraggio di dire la verità, anche se talvolta è spiacevole. La direzione sembrò talvolta accomodante, talvolta fu costretta a scendere a compromessi, ma bisognava evitare a ogni costo che la fabbrica producesse materiale da guerra, bisognava evitare a ogni costo l'invio di forti masse di operai in Germania, bisognava evitare a ogni costo l'invio di macchinari in Germania, bisognava a ogni costo, negli ultimi giorni, evitare la distruzione dello stabilimento. Questo risultato fu ottenuto e non valgono recriminazioni, non valgono i se e i ma». Questo è il punto centrale cui, tra le righe, è attribuito il significato principale per l'interpretazione di quanto avvenuto. Poiché mi pare che qui, in questo sentimento di solidarietà e ricomposizione di tutti i fattori umani della fabbrica, si possa trovare il nucleo iniziale dell'ispirazione olivettiana, un'ispirazione che procederà in elaborazioni, proposte di strutturazioni e istituzionalizzazioni le quali, pur necessarie, finiscono per velare ciò che è veramente essenziale, il vero *ressort* del progetto, su cui primieramente vale la pena di concentrare l'attenzione, da questo secondo testo pare utile procedere, per approdare poi al primo.

La difesa dell'integrità delle fabbriche tra le macerie della guerra tra il 1943 e il 1945 non è specificità della Olivetti. Sarebbe, però, assai interessante confrontare le situazioni e le condizioni psicologiche nelle quali la mobilitazione operaia si manifestò spontaneamente. Forse, le prospettive furono diverse nei vari contesti e probabilmente, nella difesa delle grandi fabbriche soprattutto, prevalse un'idea del "dopo" non coincidente con quella olivettiana. Il dopo, per lo più, avrebbe dovuto essere una resa dei conti, come seguito della Resistenza nella sua versione di lotta di classe. Si trattava, allora, per il momento, di preservare un patrimonio che, alla fine, sarebbe spettato ai vincitori di cogliere, come frutto della vittoria da investire nel futuro che si sarebbe aperto per loro. Alla Olivetti, non sembra essere andata così. O, almeno, non così sembra essere andata, nelle parole di Adriano Olivetti.

Si legge in trasparenza, nel ringraziamento ai dirigenti e agli operai, ch'essi si sono trovati *accomunati* nella difesa d'un patrimonio *comune*. Anzi, nella difesa d'un patrimonio della *Comunità*, della quale la fabbrica è solo, seppure essenziale, elemento costitutivo. La fabbrica è della Comunità; è un elemento che non può mancare accanto ad altri elementi, altrettanto essenziali per la pienezza di un'esistenza considerata tanto dal punto di vista degli individui singoli, quanto dal punto di vista della loro vita sociale. Vedremo tra poco quali siano questi elementi. Qui interessa l'elemento fabbrica. Olivetti era un imprenditore. La sua caratteristica, nell'insieme dell'imprenditoria italiana, è stata di *non essere solo* un imprenditore. Le altre componenti della sua personalità venivano, per così dire, a completare quella caratteristica. È naturale che dalla fabbrica il suo pensiero prenda l'avvio.

Ma, qual è il rapporto, quali che siano le mansioni da ciascuno esercitate, tra la fabbrica e chi vi dedica il proprio lavoro? Qui, mi pare, sta il nucleo attorno al quale, qui e altrove, ruota il pensiero olivettiano. Il lavoro, come si è abituati a percepirlo in seguito alle vicende storiche che hanno portato alla formazione delle strutture produttive capitaliste, è il prodotto d'una frattura nella continuità dell'esistenza; una frattura che, dalla vita autentica, separa la vita lavorativa. La vita lavorativa è un prezzo che deve essere pagato affinché sia possibile la vita autentica, la vita fatta di relazioni sociali, attività disinteressate, spontaneità, contiguità con la natura, ecc. In breve, il lavoro è un onere. In generale, è un onere e, nell'organizzazione di fabbrica, può essere un onere pesantissimo: «Nelle esperienze tecniche dei primi tempi» – scrive Olivetti ("Prime esperienze in una fabbrica", in *Il mondo che nasce*, Edizioni di Comunità, Roma-Ivrea, 2013, p. 13) – «quando studiavo problemi di organizzazione scientifica e di cronometraggio, sapevo che l'uomo e la macchina erano due domini ostili l'uno all'altro, che occorreva conciliare. Conoscevo la monotonia terribile e il peso dei gesti ripetuti all'infinito davanti a un trapano o a una pressa, e sapevo che era necessario togliere l'uomo da questa degradante schiavitù». Come tutti gli oneri, il lavoro è un peso del quale facilmente e volentieri faremmo, dunque, a meno, se non fossimo come sotto una condanna pronunciata una volta per sempre dalla natura matrigna o dal Dio biblico ("mangerai con il sudore della tua fronte"). Il tempo dell'esistenza è, così, diviso per due: il risultato è un tempo della vita autentica e un tempo della vita semplicemente necessario. Il tempo della fabbrica appartiene a questo secondo. Si comprende, allora, per quale ragione il tempo del lavoro appartenga alla quota di male che permea di sé l'esistenza degli esseri umani.

A partire dall'attaccamento dimostrato alla fabbrica d'Ivrea da parte di coloro che ci lavoravano, il discorso di ringraziamento di Olivetti si muove su tutt'altro registro. In quell'attaccamento, egli vede la manifestazione d'un atteggiamento diverso. Non ci si è sacrificati per prendersi cura d'un oppressore, sia pure d'un oppressore senza il quale non si saprebbe come vivere e del quale, se fosse possibile, ci si libererebbe: il lavoro. Non è così. La fabbrica e il lavoro nella e per la fabbrica sono un aspetto, un prolungamento, una manifestazione, una vocazione in cui si può trovare il compimento della "vera vita". Si tratta di organizzare la vita in fabbrica affinché ciò possa essere "vero". E così può essere in quanto si possa dire che realmente il lavoro è per la comunità e quindi anche del singolo lavoratore che della comunità è parte attiva, al pari degli altri singoli. Non solo: si tratta di realizzare qualcosa d'inestimabile, ma che la sorte o la fortuna riserva a pochissimi: poter lavorare non per altro o per altri, ma innanzitutto per la soddisfazione di noi stessi e, al tempo, per il bene di coloro che vivono con noi. Dunque: l'unione dei fini individuali con i fini collettivi. Questa sembra poter essere la sintesi del Movimento Comunità. E questa è forse la spiegazione del titolo del saggio che si richiama ai "fini del vostro [nostro] lavoro". Qui sta l'aspetto nuovo della visione di Olivetti. Per come s'era andata formando la separazione tra vita e lavoro nell'organizzazione capitalista della società – tanto nell'economia capitalista privata quanto in quella socialista di Stato – quella visione apparve senz'altro il frutto d'un pensiero utopistico. In effetti, in un tempo in cui la fabbrica imitava le strutture, le gerarchie, lo spirito della caserma, l'idea che il lavoro non fosse il momento della pena, della fatica, dell'alienazione e dello svuotamento della personalità nell'organizzazione tayloristica delle operazioni ripetitive e anonime, poteva sembrare fuori dal mondo. Era fuori di quel mondo e di questo attuale, ma voleva rappresentare l'ingresso in un altro mondo. Vale, e valeva, la pena d'impegnarsi per quest'altro mondo? Non si tratta, precisamente, dell'obbiettivo principale di una lotta di liberazione: non dal lavoro come tale, ma dal lavoro come dannazione, dal tempo del lavoro come tempo sottratto al tempo degno dell'esistenza? Non si trattava affatto di fare del lavoro una festa, ma di concepirlo nell'unità dell'esistenza, come un elemento in cui – come in tutti gli altri – la fatica si mescola al riposo e alla conciliazione con i valori dello spirito, in cui la soddisfazione si mescola alle delusioni e gli ideali si scontrano con la dura realtà; in cui, comunque, la uguale dignità delle persone è sempre rispettata, quale che sia il loro posizionamento nelle diverse mansioni e nella gerarchia organizzativa che da esse inevitabilmente deriva.

Tutto ciò si esprime nella formula "alto equilibrio umano", che Olivetti usa per rivendicare alla fabbrica Olivetti il merito di averlo raggiunto già al tempo del padre Camillo e del suo collaboratore numero uno, Domenico Burzio. Non era solo questione di atteggiamenti personali («quando discutevano o esaminavano il regime di vita o il regime di fabbrica, ciascun lavoratore era pari a loro, era un uomo di fronte a un uomo»). Era questione di organizzazione della vita in fabbrica, nella quale si potessero trovare le stesse, essenziali, cose che rendono vivibile la vita in casa: nel corso del tempo, un ambiente anche esteriormente gradevole (onde l'attenzione all'architettura di fabbrica), l'assistenza medica, il nido, l'asilo e il servizio pediatrico, il Centro di formazione per i figli degli impiegati e degli operai, la mensa, l'Assistenza Lavoratrici Olivetti (ALO) che comprendeva l'esonero dal lavoro delle lavoratrici-madri per nove mesi e mezzo a retribuzione invariata, «creata affinché nessuna operaia che sia madre, possa vedere con invidia e con dolore quelle madri che hanno la gioia di tenere in una casa, i primi mesi di vita, il loro bambino». Poi, verranno le attività culturali, la biblioteca, gli incontri letterari e musicali, tutti ruotanti attorno alla fabbrica. Dirà, forse, qualcuno: la fabbrica, allora, come "istituzione totale"? A pensare così, si trascurerebbe un aspetto importantissimo della riflessione di Olivetti, a proposito della Comunità ch'egli progettava: il legame tra il segmento della vita in fabbrica, e il segmento della vita fuori della fabbrica. Nella realtà di quella zona del Piemonte nord-occidentale che gravitava su Ivrea, si tratta della campagna. Il dipendente nella fabbrica era al tempo stesso signore di se stesso, come contadino a contatto con la terra, cioè col luogo delle sue radici. Olivetti fu tra i primi a concepire la scienza urbanistica svecchiandola dall'angusta concezione come pianificazione "delle città" (concezione che la legge urbanistica del 1942 faceva propria) e concependola come governo complessivo del territorio, dove città e campagna dovevano formare, idealmente ed esistenzialmente, un solo universo, nell'equilibrio delle due componenti. Il compito dell'urbanista e della Comunità alla quale egli presta la sua opera è di contrastare l'istinto all'anonimato che lo porta a "pigiarsi nel gregge", di combattere il "distacco opprimente dalla natura", di valorizzare i momenti di silenzio, nei quali l'individuo trova se stesso e la sua autonomia personale ("Noi sogniamo il silenzio", in *Il mondo che nasce,* cit., pp. 107 ss.).

Se si dà, dunque, l'importanza che merita a questa visione integrale dell'ambiente umano, ne risulta l'impossibilità di estirpare i singoli dalle loro matrici, per inglobarli in una sola ed esclusiva istituzione: un'istituzione totale, per l'appunto. Molto più pertinente è l'immagine della continuità, del prolungamento, del completamento della persona: persona che resta persona, non organo inglobato in un organismo. Questo, per anticipare le considerazioni che dovranno essere fatte circa la sostanza della Comunità olivettiana.

Così, quel breve discorso del 1945, nato da un'occasione gratulatoria, finisce per indurre a riflessioni generali che ci proiettano in un mondo d'idee e progetti diverso da quello che, da allora, ebbe la meglio senza, però, essere migliore: un mondo di cui si tratta ora di scorgere i caratteri. Il tratteggiamento di questi caratteri è, per l'appunto, il progetto del Movimento Comunità che Olivetti ha messo per esteso in *L'Ordine politico delle Comunità*, scritto tra il 1942 e il 1945: il testo base del suo progetto le cui linee portanti sono riassunte nello scritto che, in questa pubblicazione, precede quello sui fini del lavoro.

Anche dei temi di questo primo testo, si tratta di cogliere il principio ispiratore. Se lo cercassimo nel pensiero politico antico e moderno da cui Olivetti non era parco nel trarre citazioni; se volessimo distinguere l'ispirazione socialista da quella cattolica e, all'interno di questa, l'impronta del personalismo di Maritain e del comunitarismo di Mounier; se volessimo separare l'imprenditore segnato dalla moralità calvinista dal visionario misticheggiante e provvidenzialista, forse non riusciremmo a dare un'idea altrettanto chiara di quella che, questa volta, ci offre l'esperienza storica concreta che Olivetti ricorda in un rapido *excursus* storico: la storia della rinascita subito dopo il 25 aprile: «Ancorché sventolassero con orgoglio e con letizia le bandiere della Liberazione, la comunità si trovava intorno alla fabbrica come inerte e distrutta. I combattenti, i reduci, i partigiani, dopo anni di lotte, sacrifici, sofferenze, tornavano alle loro case e non avevano lavoro. Fu allora che la fabbrica fece la prima grande indimenticabile apertura verso la comunità. Le sue porte si spalancarono e qualcosa come mille persone entrarono al lavoro senza che l'economia e la tecnica giustificassero un così rapido ingrandimento delle forze di produzione». Fu «un gesto disperato, un assurdo economico, e pur tuttavia essendo fondato sopra un gesto estremamente positivo di solidarietà non poté, se non per eccezione [riferimento a una su cinquanta aziende, messe in piedi in quel modo, che non sopravvissero], dare risultati negativi» ("Dalla fabbrica alla Comunità" (1953), in *Il mondo che nasce*, cit., p. 63). Il discorso sui "fini del nostro lavoro", pronunciato all'inizio dell'opera di ricostruzione, si concludeva con la domanda ripetuta, quasi come una drammatica invocazione: «Cosa faremo? Cosa faremo?». La risposta sembra una fuga nell'indeterminatezza: «Saremo condotti dai valori spirituali». Per sostenerne la validità, sono richiamati i versetti di Matteo in cui il Cristo promette "il sovrappiù a coloro che cercano il regno e la giustizia di Dio". Così, questo brano può essere collegato a quello sopra citato per dire: la scienza economica e la tecnologia sono necessarie, ma non sono sufficienti; occorre seguire criteri d'azione e perseguire valori più alti e il resto verrà in sovrappiù. Il plusvalore è contenuto, per l'appunto, nella Comunità. Attraverso la Comunità si possono raggiungere traguardi che sfuggono alla fredda scienza economica e alla tecnologia considerate in se stesse, come se fossero al tempo stesso mezzi e fini. L'esempio della fabbrica che, a onta delle buone ragioni e della prudenza "scientifica", si apre a mille assunzioni in un tempo che avrebbe, semmai, suggerito mille licenziamenti, è, secondo Olivetti, la prova delle potenzialità creatrici insite nell'azione ispirata alla Comunità.

La Comunità olivettiana è il luogo concettuale e istituzionale dove si fondono i tre elementi strutturali della vita collettiva. Mi pare che questo punto non sia stato messo in evidenza e, per questo suo carattere irriflesso, mi pare che sia anche più significativo che se fosse il prodotto d'una elaborazione a tavolino. Ci si arriva quasi per la forza naturale d'un pensiero che mira alla sintesi. I tre elementi sono il potere, la cultura e il lavoro. È perfino superfluo richiamare la grande dottrina delle tre funzioni sociali - politica economia cultura – che ha radici antichissime ma che è stata rivitalizzata e messa in circolazione solo nel secondo dopoguerra, senza peraltro trovare terreno fertile, per la stessa ragione per la quale anche il Movimento Comunità fu messo ai margini. Dice Olivetti: «Nel nuovo Stato il *potere* poggerà saldamente non più su una forza sola, la democrazia, la quale è troppo facile preda della potenza del denaro. Il potere sarà ancorato alla *cultura* giuridicamente organizzata e, nel contempo, al *lavoro* sarà conferita una ben determinata potenza politica». Dunque, la politica nella sua espressione democratica ha un suo posto, ma non un posto esclusivo: si comprende, perciò, l'ostilità di quelle forze che, nella democrazia che si stabilizzò dopo la Liberazione, occuparono per intero la scena politica, cioè i partiti (ostilità peraltro ricambiata, come traspare dalla ripetuta polemica contro la "partitocrazia" che si alimenta di idee *à la* Simone Weil, più che *à la* Maranini). Ma, si comprende anche l'atteggiamento distaccato delle forze imprenditoriali del tempo che miravano o al predominio o all'alleanza con la politica, con nulla o scarsa attenzione al terzo elemento della triade, la cultura, che nella proposta olivettiana occupa il posto dell'àncora, cioè di ciò che dà saldezza, introducendo valori umanistici in quella che, altrimenti, sarebbe una gestione della vita comune dominata dalla potenza irresistibile del denaro fine a se stesso e al nudo potere. La morale del profitto per il profitto, che ha dominato anche ideologicamente la scena del capitalismo, non era la morale di Olivetti, il quale, per questo, fu accusato di "moralismo".

Si comprende la forza attrattiva che la Comunità d'Ivrea ha esercitato a lungo, anche dopo la scomparsa del suo fondatore, su parte notevole del mondo intellettuale, quella parte che non subiva il fascino della figura dell'intellettuale organico o del consulente stipendiato. Olivetti stesso si compiace spesso di elencare i nomi di suoi collaboratori, illustri allora e che illustri sarebbero diventati nel tempo successivo, nei campi dell'architettura, dell'economia, della sociologia, del diritto, della filosofia, della letteratura. Questo doveva essere il terzo pilastro della costruzione, un pilastro essenziale nella sua autonomia.

Il numero tre è, per definizione, il numero dell'equilibrio variabile tra le parti, tutte indispensabili ma nessuna sufficiente. Per questo, la Comunità olivettiana non è giacobina: non vi domina, cioè, la politica pura; non è economicista: non vi domina, cioè, l'accumulazione senza scopo; non è intellettualistica: non vi domina, cioè, l'idea astratta. La combinazione dei tre elementi non è prefissata in astratto. Olivetti era un imprenditore e, soprattutto, la sua idea di Comunità era venuta maturando dall'esperienza concreta della fabbrica. Lo dice lui stesso, per rivendicare il primato dell'azione sulla teoria: «Prima di essere una istituzione teorica, la Comunità fu vita. La mia Comunità non si espresse subito formalmente, ma ebbe per molto tempo un'esistenza virtuale. La sua immagine nacque a poco a poco in un lavoro durato vent'anni» ("Prime esperienze in una fabbrica" (1958), in *Il mondo che nasce*, cit., p 13). L'idea di Comunità nasce dunque dal concreto d'un'esperienza imprenditoriale. Le citazioni dai classici del pensiero politico – che esistono e sono numerose – non sono il principio, ma il puntello che rafforza l'asseverazione di idee e convinzioni non nate sui libri, ma nella quotidianità del lavoro in fabbrica, dalla quale lo sguardo si è progressivamente allargato ad abbracciare la realtà circostante.

Non c'è dubbio che, dei tre elementi, il principale, per Olivetti, era la fabbrica. Ma non la fabbrica come mera unità produttiva, bensì la fabbrica come luogo aggregativo centrale della vita della comunità che gravita sulla fabbrica. Alla fabbrica – oggi diremmo: al lavoro – si attribuiva così la capacità strutturante principale dell'organizzazione sociale. Questo fu certamente un dato dipendente dalla realtà socio-economica del momento, nel territorio eporediese, dove la Olivetti esercitava questa forza di polarizzazione. Ma, l'obiettivo non era il predominio ma l'equilibrio dei fattori, come qui è detto a proposito dei conflitti d'interesse tra "l'ambiente", e l'"industria" (pp. 49-50): «In verità il bene comune nell'industria è una funzione complessa di: interessi individuali e diretti dei partecipanti al lavoro; interessi spirituali solidaristici e sociali indiretti dei medesimi; interessi dell'ambiente immediatamente vicino, che trae ragion di vita e di sviluppo dal progredire dell'industria; interessi del territorio immediatamente limitrofo» (p. 50).

È chiaro il rischio per l'equilibrio dei fattori e per il "bene comune" che potrebbe derivare dall'alleanza tra capitale privato e politica locale, frutto della denunciata "potenza del denaro". Ecco, allora, le proposte di socializzazione dell'impresa, la "fabbrica comunitaria" nella quale sia rappresentata la Comunità: «La Comunità possiede una parte del capitale azionario delle grandi e medie fabbriche, ne nomina taluni dei dirigenti principali, provvede al trasferimento di azioni industriali, compra e vende terreni e proprietà in relazione alle necessità di sviluppo tecnico o perfezionamento sociale della Comunità, provvede all'istruzione elementare e professionale, assiste lo sviluppo dell'artigianato e del turismo. Feconda di trasformazioni sociali ed economiche importanti e capace di flessibili applicazioni, appare l'introduzione del concetto di Comunità concreta nel dominio dell'agricoltura. Qui la Comunità potrà esercitare infatti una diretta influenza nella creazione di una multiforme struttura cooperativa dell'economia agricola, dove ciascun elemento potrà essere federato in autonome organizzazioni regionali» (pp. 46-47). Si tratta d'un passaggio nel quale è evidente la preoccupazione per la flessibilità, condizione necessaria per la sperimentazione, a sua volta indispensabile per ogni impresa che, dal disastro, si muova verso qualche ipotesi di ricostruzione.

L'idea si perfeziona e, per così dire, si compie nell'idea della fondazione, come statuto giuridico dell'impresa di Comunità. È un progetto audace, che va molto al di là dell'imitazione della fondazione Zeiss che, per la sua propensione al "sociale" esercitò un fascino su Olivetti, e che rappresenta il punto d'approdo del "socialismo" olivettiano. Il *capitale* della società avrebbe dovuto passare gradualmente nel *patrimonio* dell'istituenda fondazione, fino all'acquisizione del controllo e della gestione, affidata a rappresentanti dei lavoratori, degli enti locali e d'istituzioni culturali e universitarie. I profitti, oltre alla naturale destinazione ai salari e agli stipendi, all'innovazione tecnologica e all'espansione dell'impresa, sarebbero stati investiti in opere e iniziative di pubblica utilità a vantaggio del territorio della Comunità. Nell'ipotizzata fondazione sociale d'impresa si sarebbero così rispecchiati i caratteri fondamentali della Comunità e si sarebbe superata la "trasmissione ereditaria del potere" economico (pp. 53 s.) la quale, oltre a rappresentare un'ingiustizia sociale evidente, non

garantisce affatto la gestione efficiente delle risorse dell'impresa.
Il tema dell'efficienza e della competenza è centrale nelle preoccupazioni di Olivetti e ritorna continuamente. «Ogni soluzione che non desse esclusiva autorità e responsabilità a uomini di altissima preparazione è da considerarsi un inganno. L'operaio direttore di fabbrica è un romantico ma anacronistico ricordo dei primi tempi della rivoluzione sovietica, mentre l'operaio membro di un consiglio d'amministrazione è una tragica finzione retorica della repubblica sociale fascista». A ciascuno il suo, dunque; senza che da ciò derivino gradazioni nella dignità del lavoro prestato nell'opera comune. Ciò che conta, e che Olivetti poteva permettersi d'immaginare, era l'uscita dal governo dell'azienda della proprietà fondata sul diritto ereditario (cioè di lui stesso e dei suoi familiari), per rientrare eventualmente (nel suo caso, sicuramente) come dirigente per meriti imprenditoriali.

Le Comunità, nel disegno olivettiano, dovevano costituire tasselli di un quadro vasto, "l'ordine politico delle Comunità", secondo l'intitolazione dello scritto del 1945. Qui, troviamo articolata una struttura costituzionale di stampo federativo tra le Comunità particolari avente portata nazionale: una costruzione

ingegneristica molto complicata di rappresentanze dirette e indirette in cui avrebbero dovuto trovare spazio esigenze diverse di natura partecipativa e di adeguatezza delle competenze, entro la visione tripartita delle forze sociali – economiche, politiche e intellettuali – su cui, come s'è detto, è fondata l'idea stessa di Comunità.
Se la forza dell'idea comunitaria olivettiana è stata ed è l'esperienza, cioè il suo scaturire dal basso, dalla riunione spontanea delle energie in vista d'un fine comune, questo "ordine politico delle Comunità", oltre che estremamente farraginoso, appare segnato da una contraddizione di metodo. Come se si volesse, a questo punto, far discendere la pratica da un'idea architettonica elaborata in astratto. Si è tentati di dire: in tutte le esperienze vitali, le forze si strutturano seguendo il loro fine: le si lasci fare e il risultato verrà formandosi a mano a mano che l'esperienza procede e prende il suo ordine. Il fine di Olivetti era chiaro e l'azione pragmatica vi aderiva perfettamente. La sua istituzionalizzazione su scala costituzionale dà invece l'impressione di allontanarsi dall'esperienza e di addentrarsi in un mondo di formule. Sono formule che si distaccano dai prodotti dell'esperienza. Esse s'impelagano in prodotti della fantasia che progetta in astratto. La ragione cerca infine nel messaggio cristiano le basi trascendenti

di legittimità d'un progetto che, all'origine, per espresso riconoscimento del suo promotore, traeva spunto e forza nell'immanenza dei problemi della vita.

Noi possiamo chiederci come sarebbe oggi il nostro paese se l'intuizione olivettiana fosse stata raccolta da una dozzina d'imprenditori nelle diverse parti del territorio. Domanda insensata? Non proprio. Allora, fu soffocata dal prevalere d'interessi e di forze di tutt'altra ispirazione, che hanno creato il mondo in cui siamo immersi e che si trova in evidente difficoltà. Quando un sistema globale di potere e di governo entra in crisi, l'uscita è sempre stata l'emergere di forze autonome dal basso, dalle realtà locali. Questo è accaduto col crollo dell'impero di Alessandro Magno, dell'impero romano, del sistema mondiale del colonialismo e dell'imperialismo dei grandi Stati nazionali. E oggi? L'ordine politico ed economico imposto dalla finanza globalizzata non rappresenta forse la più grande aggregazione di potere in poche strutture che, di fatto, si sono assunte il governo del mondo? Quanto tempo passerà, da qui all'implosione? Ogni rinascita si è sempre alimentata da virgulti che si sviluppano sulle ceneri del gigantismo che, proprio in quanto tale, è incapace di autoregolarsi e di contrastare le forze della contraddizione e dell'auto-dissolvimento. Quel virgulto, allora, è stato stroncato sul nascere da forze che si muovevano in tutt'altra prospettiva. Ma oggi, se pensiamo a un riscatto della nostra società, possiamo ragionevolmente attenderlo da una politica dall'alto? Non abbiamo bisogno di paradigmi nuovi, capaci di mobilitare le energie latenti e di organizzarle in forme nuove, dal basso? Sono i partiti capaci di tanto o la loro funzione è quella, pur importante, della procrastinazione nel tempo del crollo, del fallimento? Perché un'implosione certamente avverrà, come in tutte le creazioni umane e, massimamente, in quella che ha raggiunto ormai la dimensione massima possibile. Chi crede davvero che la soluzione possa avvenire da un programma di partito o di governo?

L'attuale *Olivetti-renaissance* è significativa; è un segno dei tempi. Non si tratta di assumere ricettivamente e passivamente i singoli elementi di quella intuizione. Molto è cambiato nella struttura sociale del territorio; molto, nella struttura industriale; molto, nelle relazioni sociali. Tutte cose da verificare e discutere. Ma, se è vera l'esigenza di rinnovare le energie latenti nel nostro paese e di dare loro uno sbocco operativo e organizzativo, crediamo che la democrazia rappresentativa, impersonata da strutture accentrate e burocratizzate, come sono i partiti-macchine, di un potere sempre più povero di legittimità, sia sufficiente per guardare al futuro?

L'industria nell'ordine delle Comunità
nell'edizione che proponiamo, apparve per la prima volta
nel 1951 all'interno dell'opuscolo del
Movimento Comunità «Tecnica delle riforme»
e fu poi pubblicato con lo stesso titolo
nel 1952 nell'antologia *Società Stato Comunità*.

Rispetto al testo originale, nell'attuale edizione sono stati apportati alcuni minimi aggiornamenti formali e di lessico per agevolare la lettura.

L'industria nell'ordine delle Comunità

Il Movimento Comunità[1] ha davanti a sé un programma nuovo e impegnativo: il tentativo di socializzare senza statizzare, di organizzare la società economica in modo autonomo, coi propri mezzi, e renderla indipendente dall'intervento massiccio dello Stato, perché la libertà dell'individuo, la difesa della persona, l'accrescere del benessere materiale, l'efficienza tecnica, il progresso scientifico nell'industria, l'interesse del consumatore sarebbero garantiti dalla partecipazione, dalla collaborazione

[1] Il Movimento Comunità venne fondato da Adriano Olivetti nel 1947 per promuovere le azioni di una "comunità concreta" che viene identificata in Ivrea e nel Canavese. Attivo politicamente a livello locale a partire dal 1953, il Movimento diviene una forza politica nazionale con le elezioni del 1958.

e dal controllo di una pluralità di istituti a ciascun scopo coerentemente disegnati e designati.
E poiché la nostra economia nasce dalla fabbrica dovremo, per prima cosa, parlare della fabbrica, in una parola della fabbrica comunitaria.
Cos'è questa fabbrica comunitaria? È un luogo di lavoro dove alberga la giustizia, ove domina il progresso, dove si fa luce la bellezza, nei dintorni della quale l'amore, la carità, la tolleranza sono nomi e voci non prive di senso.
Ma direte voi, questa è la fabbrica socialista. E io sono con voi, ma dobbiamo fare uno sforzo per vedere fissata l'immagine, tracciarne il disegno, costruirla a poco a poco, pietra su pietra affinché l'edificio sia solido e duri nel tempo: sinora non è dato vederne esempi concreti. Ma raccogliendo il buono e l'utile di ogni esperienza socialmente attiva, abbiamo iscritto nel programma del Movimento Comunità l'istituzione della fabbrica comunitaria: l'Industria Sociale Autonoma.

L'uomo della strada intuisce l'inganno della antidemocraticità dei partiti di massa. Ha reagito con le sole armi a lui consentite: il voto preferenziale e la molteplicità dei partiti. La sopraffazione di libertà costituita dal congegno della rappresentanza proporzionale è ormai palese e compromette seriamente le istituzioni democratiche.

Una nuova soluzione feconda per la nostra vita politica può soltanto trovarsi in altre direzioni, dopo un processo serio, capace di analizzare fino in fondo la crisi e l'evoluzione dei due grandi movimenti di massa: socialismo e democrazia cristiana, in entrambi i quali, in tutta Europa e per cause comuni, la crisi e il disagio sono evidenti.

In questi due grandi organismi non si è ancora operato il processo di autentica democratizzazione interna, in mancanza del quale lo stato di manifesta inferiorità dei suoi spiriti migliori sembra protrarsi indefinitamente.

Tuttavia c'è - entro questo stato di cose - una situazione non sufficientemente considerata: anche quando fosse sancito e operante in queste due grandi organizzazioni politiche uno statuto tradizionalmente democratico, esso comporterebbe una tragica contraddizione.

Se, come pensiamo noi, la democrazia pura è insufficiente a garantire nello Stato le libertà individuali, questa democrazia sarà ugualmente falsa e inconcludente nella vita dei grandi partiti, dove si riproducono, sia pure su un piano diverso, gli stessi dati e gli stessi termini del problema. Solo un partito sostanzialmente nuovo nel suo modo di essere, non nella sua etichetta, che presentasse nella sua azione politica una molteplicità di valori ormai da tutti reclamata, potrebbe garantire nella vita politica italiana l'innesto di forze nuove, suscitare l'entusiasmo dei giovani, essere lievito di una vera rinascita.

Il popolo italiano ha dato milioni di voti alla Democrazia cristiana e milioni di voti ai partiti marxisti. Milioni di voti sono stati dati al cristianesimo e non a una particolare struttura di partito, milioni di voti sono andati al socialismo e non a una particolare struttura di partito. Il significato è chiaro: il popolo italiano è socialista ed è cristiano. Potrebbe anche semplicemente dirsi socialista perché naturalmente cristiano. Fuori di questi due sentimenti che vivissimi albergano nell'inconscio del popolo non c'è né vita né vitalità. È doloroso che i tentativi per conciliare le due ideologie non abbiano sinora avuto successo. Ma la storia non è finita. Perché appunto in questa integrazione deve trovarsi avvolto il segreto del futuro e la fonte creativa di una nuova e autentica società cristiana.

Ma anche questa formula, quella del socialismo cristiano, se appare attraente e ha il privilegio di indicare al buon senso e alla intuizione di tutti la direzione approssimativa del movimento politico, ha d'altra parte una grave condizione di minorità: è vaga come il socialismo democratico, è ingannatrice come il socialismo massimalista, manca di un suo carattere distintivo; ha già una storia di insuccessi e di errori in Francia e in Germania, dove nacque.

Non basta, come vorrebbero taluni, sventolare una bandiera rossa e fregiarla della croce di Cristo, alternare dei testi socialisti con le parole eterne del Vangelo, essere in una parola marxisti e nello stesso tempo andare ad ascoltare la Santa Messa: non basta.

È invece indispensabile ritrovare una formulazione ideologica nuova, occorre che da questa formula scaturiscano fusi organicamente quei principi di solidarietà e umanità che accomunano socialisti e cristiani, come quando cementando dei colori complementari come il rosso e l'azzurro, si scopre una nuova espressione dello spettro.

Così il nostro socialismo e il nostro cristianesimo hanno preso un nome nuovo: Comunità, e la nostra rivoluzione sarà una rivoluzione comunitaria.
Perché, ben inteso, la nostra proposta di un nuovo ordine politico e sociale è davvero rivoluzionaria. Nel senso che il Movimento Comunità propone una completa e una profonda trasformazione delle istituzioni politiche e della struttura economica e sociale che rappresentano un peso insopportabile al progresso civile del nostro paese.
Le nostre idee sulla costruzione dello Stato, per una autentica civiltà cristiana, sono fin troppo precise. Questa precisione non nuocerà all'azione perché questa precisione stessa dello Stato, questa perfezione dello Stato a cui miriamo è garanzia di libertà, perciò la nostra coerenza è garanzia di libertà.
Nell'azione la nostra metodologia rigida, perché fondata sull'aggiornamento scientifico delle dottrine, impedirà il formarsi di sette, di tendenze, di destre, di sinistre, di tutte quelle cose che hanno rovinato i movimenti politici continentali.
Essa sarà dunque una sinistra; per farci intendere ancora la diremo una sinistra socialista e cristiana, ma una nuova sinistra autentica, né demagogica, né

massimalista, conscia di una vera volontà trasformatrice, capace di vere riforme anziché procacciatrice di illusioni e delusioni.

Non ci sono sacrifici troppo gravi per ottenere un ordine libero e giusto. Inoltre, gli effetti, anche di carattere materiale, dell'instaurazione di un ordine improntato ai più alti valori spirituali non tarderebbero a essere benefici. È sufficiente ricordare che i tesori artistici che sono oggi una ricchezza concreta dell'Italia nacquero come opera della fede, della cultura, del disinteresse. È questa una conferma delle parole di Matteo Apostolo: «Cercate prima il regno di Dio e la Sua giustizia, e tutto il resto vi sarà dato in sovrappiù».

E questa ricerca del regno di Dio e della sua giustizia non può essere raggiunta senza mezzi adeguati, senza sacrifici, senza uno strumento preciso, una Comunità concreta, fondata su leggi umane e naturali, fondata sulla ricerca integrale della verità e su un'applicazione altrettanto integrale della giustizia. Non saremo traditi, non tradiremo perché gli strumenti che avremo creato, quella Comunità di cui ci è dato intravedere in bellezza le forme spirituali, appartiene a quel disegno della Divina Provvidenza che non è dato a ciascuno di noi predestinare, ma che conviene seguire come servitori di Dio.

Per il lavoratore e per il cittadino, i fini nella nuova economia delle Comunità sono, ben inteso, qualcosa di vivo e vitale, qualcosa che mentre si perfeziona la propria personalità accompagna la propria vocazione, qualcosa che contribuisce al proprio progresso materiale, tuttavia non impedisce di volgere l'animo verso una meta più alta, verso qualcosa che non sarà un fine individuale, un profitto personale né proprio né altrui, ma sia un contributo alla vita della Comunità, ben diritto sul cammino della civiltà e del progredire umano.

Né il paradigma della invisibile armonia in virtù della quale l'arricchimento di ciascuno avrebbe servito la comunità, né l'illusione paternalista, possono ancora essere portati ad ammonimento dei lavoratori che si domandano se veramente la loro fatica, che pur serve al mantenimento della propria famiglia, non contenga in se stessa un tragico vizio, la contemporanea creazione di una ricchezza che lungi dall'esser indirizzata a necessità sociali e umane che gridano urgenza, alla ricerca scientifica, alle cose dell'arte, è distaccata dai veri problemi della

comunità così che va dispersa nell'anarchia e nel disordine.
La gioia nel lavoro, oggi negata al più gran numero di lavoratori dell'industria moderna, potrà finalmente tornare a scaturire quando il lavoratore comprenderà che il suo sforzo, la sua fatica, il suo sacrificio - che pur sempre sarà sacrificio - è materialmente e spiritualmente legato a una entità nobile e umana che egli è in grado di percepire, misurare, controllare, poiché il suo lavoro servirà a potenziare quella Comunità, reale, tangibile, laddove egli e i suoi figli hanno vita, legami, interessi.

Ma le soluzioni su cui si sono appuntati sinora i critici del sistema capitalista, le nazionalizzazioni, risolvono l'indispensabile fine di adeguare il lavoro ai complessi moventi psicologici dell'uomo? La nostra risposta è negativa.
Abbiamo letto ancor ieri che gli operai impiegati nelle fabbriche nazionalizzate non si sentono spiritualmente molto più liberi di quelli impiegati in talune fabbriche a carattere familiare dove la personalità e la dignità del lavoratore possono essere ancora oggetto di considerazione, mentre l'operaio

di una fabbrica di Stato si sentirà pur sempre numero disperso, cartellino di busta paga. Il lavoratore a profitto di uno Stato lontano e onnipotente, attraverso la mediazione di una burocrazia non sempre avveduta, può considerarsi una meta provvisoria, ma non un ideale definitivo.
E allora sorge il bisogno di intravedere una soluzione nuova, la cui forma giuridica, quella che noi abbiamo chiamato nell'*Ordine Politico delle Comunità*[2] l'Industria Sociale Autonoma o ISA, sarà la tipica espressione della fabbrica comunitaria.

La Comunità possiede una parte del capitale azionario delle grandi e medie fabbriche, ne nomina taluni dei dirigenti principali, provvede al trasferimento di azioni industriali, compra e vende terreni e proprietà in relazione alle necessità di sviluppo tecnico o perfezionamento sociale della Comunità, provvede alla istruzione elementare e professionale, assiste lo sviluppo dell'artigianato e del turismo.

[2] *L'Ordine politico delle Comunità* venne scritto da Adriano Olivetti tra il 1942 e il 1945, anno della sua prima edizione. È l'opera teorica fondamentale di Olivetti nella proposta di riforma costituzionale dello Stato in senso comunitario, e la premessa della sua azione politica.

Feconda di trasformazioni sociali ed economiche importanti e capace di flessibili applicazioni, appare l'introduzione del concetto di Comunità concreta nel dominio dell'agricoltura. Qui la Comunità potrà esercitare infatti una diretta influenza nella creazione di una multiforme struttura cooperativa dell'economia agricola, dove ciascun elemento potrà essere federato in autonome organizzazioni regionali e interregionali.

La Comunità provvede direttamente, mediante il proprio servizio industriale, alla gestione delle normali attività di pubblico interesse (gas, elettricità, pianificazione, trasporti, ecc.) e all'estensione degli impianti ai comuni periferici talora privi di servizi o provvisti di servizi inadeguati.

In relazione alla riforma sociale operata dal nuovo Stato, determinate imprese private saranno progressivamente trasformate in enti di diritto pubblico e prenderanno il nome di Industrie Sociali Autonome o Associazioni Agricole Autonome.

La Comunità possederà sempre una parte importante del capitale delle società autonome, appartenendo il rimanente ai dipendenti, alla Regione o ad altre Comunità.

La Comunità fungerà quindi da perno degli organismi economici di maggior importanza collettiva e costituirà un diaframma indispensabile fra l'individuo e lo Stato.
La superiorità di una tale soluzione di natura federalista, di fronte ad altri sistemi di collettivizzazione, consiste nella elevata efficienza che le viene dalla specializzazione resa possibile dalla competenza territoriale ridotta di ogni Comunità e dalla grande facilità con la quale i cittadini possono entrare in contatto con i suoi organi e controllarli.
La partizione del governo delle industrie fra gli interessati, le Comunità e le Regioni, risolve praticamente le difficoltà che sorgono quando si voglia dare una soddisfacente soluzione al passaggio dalla proprietà privata a quella di diritto pubblico.
Tutte le soluzioni omogenee o unilaterali (la proprietà ai sindacati, la proprietà allo Stato, la proprietà al Comune) determinano conflitti irrisolvibili o presentano lacune difficilmente colmabili e nemmeno possono garantire, da sole, una soluzione soddisfacente al problema fondamentale dell'industria: una direzione competente.

Ogni azienda importante determina, per i suoi problemi tecnici e per i bisogni di vita dei propri dipendenti, continui conflitti di interessi con l'ambiente in cui vive:

a) disponibilità di aree in relazione al razionale sviluppo tecnico;
b) soluzioni urbanistiche organiche per le abitazioni operaie, creazione di centri sociali decentrati (*community center*) realizzati nelle contee inglesi e nei nuovi villaggi industriali americani (*alluminium city*), reti di trasporti con fisionomia propria;
c) coordinamento con l'istruzione media professionale;
d) problemi di collocamento;
e) coordinamento con il piano generale di igiene e protezione sociale.

Se l'ambiente è politicamente più forte dell'industria, esso prevale e saranno pagati dall'industria prezzi esagerati per l'acquisizione di terreno, sarà fatta opposizione a una politica razionale di pianificazione delle abitazioni, nessun aiuto daranno le istituzioni locali a specializzare l'istruzione tecnica, ecc.

Se l'industria è politicamente più forte è questa a prevalere. Gli interessi degli agricoltori non saranno rispettati, essi saranno privati, con compensi irrisori, del loro terreno; il collocamento è dispotico, gli interessi delle industrie minori non sono considerati, e nemmeno quelli di altri strati sociali.
L'assistenza sanitaria diventa un mero organo di controllo della resistenza al lavoro, le scuole professionali sono, col denaro di tutti, al servizio di un solo gruppo. La maggior parte di questi conflitti non cessano col passaggio delle industrie allo Stato, agli interessati (cooperative di produzione) o alla municipalità.
In verità il bene comune nell'industria è una funzione complessa di: interessi individuali e diretti dei partecipanti al lavoro; interessi spirituali solidaristici e sociali indiretti dei medesimi; interessi dell'ambiente immediatamente vicino, che trae ragion di vita e di sviluppo dal progredire dell'industria; interessi del territorio immediatamente limitrofo. Questo, capace di organizzazione più vasta e più eclettica può creare una esperienza amministrativa concreta che si risolve in un contributo importante a una scelta adatta dei dirigenti e alla loro

preparazione scientifica (l'ambiente limitrofo può essere rappresentato in taluni casi dagli organi economici della Regione, in altri casi da organizzazioni di consumatori, ovvero da entrambi questi organismi e ciò esclusivamente in relazione alle caratteristiche tecniche delle ISA e alla natura dell'area di distribuzione dei suoi prodotti).

Perciò senza un equilibrio tra le forze che rappresentano gli interessi descritti, il bene comune non è praticamente realizzabile, e poiché solo il possesso dà un effettivo potere, nessun'altra soluzione del problema industriale darà risultati morali e materiali soddisfacenti. Poiché non avevano possesso e poiché non rappresentavano questo equilibrio, i consigli di gestione, sui quali si appuntavano tante speranze di lavoratori, diedero luogo a risultati modesti, sebbene il loro valore educativo non debba essere sottovalutato.

Ricordiamo che l'eliminazione del vivissimo contrasto di interessi tra vita industriale e vita agricola al quale abbiamo fatto riferimento sommario, trovasi nelle misure esecutive preannunciate nel *Manifesto del partito comunista* (parte II, punto

9) con la precisazione seguente: «Combinazione del lavoro agricolo con quello industriale; misure per togliere gradatamente le differenze fra città e campagna». L'esecuzione di un simile programma naturale e umano non può essere affidata che a Comunità di dimensioni ridotte capaci di amministrare territori comprendenti zone agricole e zone industriali e dotate di poteri economici. Nell'*Ordine politico delle Comunità* abbiamo espresso lo stesso concetto così:

«Le Comunità tendono a far cadere la distinzione tra città e campagna, assegnando a un'unica amministrazione centri urbani e vasti territori agricoli, in modo da rendere possibile:

a) una simbiosi tra economia agricola ed economia industriale;
b) nelle zone agricole, un processo graduale di organizzazione di vita moderna a contatto con la natura;
c) la trasformazione delle grandi città alveolari in organismi urbani in cui la natura riprenda il suo grande posto e l'uomo abbia fuori del lavoro e nel lavoro il sentimento di una vita più armonica e più comple-

ta (la formazione di grandi oasi educative, ricreative, culturali in tutti i quartieri della grande città);
d) l'estensione ai villaggi isolati delle provvidenze igieniche, culturali e ricreative, privilegio dei centri più importanti, e loro generale perfezionamento.
Questo è il grande compito dell'urbanistica moderna. Senza un'adeguata trasformazione politica e amministrativa una simile realizzazione è impossibile.
Le grandi città moderne, che hanno tratto generalmente dallo sviluppo industriale l'origine principale della loro espansione, sono ormai impotenti a conferire un'armonia di vita, un tempo spontanea.
Gli interessi più disparati non sono più risolvibili in una sintesi. Nella caotica situazione creata dal loro inestricabile groviglio prevalgono con facilità immensi privilegi».

L'ultimo, essenziale, privilegio caratteristico della società capitalista che non ha nessuna relazione con i diritti naturali dell'uomo, è la trasmissione ereditaria del potere. La trasmissione della ricchezza costituisce una ingiustizia sociale evidente, sebbene legata a un istinto non facilmente riducibile; ma ancor più la sottomissione di uomini ad altri uomini in virtù del privilegio di nascita costituisce ormai nella economia capitalista occidentale un ostacolo gravissimo al progredire dell'industria. La capacità direttiva non è ereditaria e i figli dei grandi capitani d'industria sono oggi nel migliore dei casi nella posizione di monarchi costituzionali, costretti ad affidare il potere a un primo ministro di loro fiducia, un amministratore ormai posto nell'acrobatica ed equivoca situazione di mediatore tra capitale e lavoro.

Il potere di dirigere il lavoro altrui deve essere conseguenza di meriti o legato a eminenti capacità superiori; per altro verso, la non eliminabile disuguaglianza fra gli uomini conduce a una gerarchia di competenze e di valori che costituiscono un ordine naturale e umano nella società. Lavoratori, specialisti, tecnici, dirigenti costituiscono nell'industria questa gerarchia. Essi insorgono contro l'ingiustizia di un sistema dove le grandi e le piccole decisioni che interferiscono continuamente sulla loro vita individuale non provengono da una tale gerarchia di valori, ma da una potenza ormai dissociata dai reali meriti dai quali essa trasse una remota origine.

L'essenziale è di comprendere che il problema di una fabbrica comunitaria (che per molti aspetti può dirsi anche socialista) consiste nel creare un nuovo istituto giuridico desunto dalla società anonima, cioè capace di muoversi nella realtà economica operante, ben collaudato dall'esperienza.
Per assicurare alla fabbrica comunitaria la più alta efficienza, il nuovo Stato considererà essenziale la formazione e la valorizzazione di dirigenti dotati di qualità umane, tecniche e culturali superiori. Questi, designati separatamente dalla pluralità degli enti interessati sono destinati a costituire l'organo esecutivo dell'Industria Sociale Autonoma.

Ogni soluzione che non desse esclusiva autorità e responsabilità a uomini di altissima preparazione è da considerarsi un inganno. L'operaio direttore di fabbrica è un romantico ma anacronistico ricordo dei primi tempi della rivoluzione sovietica, mentre l'operaio membro di un consiglio di amministrazione è una tragica finzione retorica della repubblica sociale fascista.
L'accesso alle università in generale, ai politecnici e ad altri istituti superiori dei figli più intelligenti e più

studiosi dei lavoratori, reso facile e normale nel nuovo Stato, darà in breve volgere di anni la possibilità di sfruttare non valutabili energie, oggi in gran parte inutilizzate. Questa nuova condizione rivoluzionerà i privilegi di classe in modo assai più profondo e benefico di una malintesa democrazia industriale che ponesse direttamente in mano di chi non ha sufficienti capacità i delicati gangli della vita economica e l'ingranaggio complesso del ciclo produttivo.

D'altra parte, sino a che la società e il suo sistema economico assicureranno alle grandi intelligenze e capacità organizzative sconfinati domini d'azione, in gran parte non coincidenti con gli interessi dei più, e saranno riservate ai funzionari delle imprese socialiste condizioni mediocrissime, nessuna intrapresa collettiva fiorirà.

Il nuovo istituto dovrà prevedere non già la composizione di forze individuali, anonime, inorganizzate, spesso contrastanti e non tendenti a nessun ideale quali si presentano nella moderna società anonima, ma concepirà una composizione di forze coerenti, attive, capaci di rappresentare l'interesse, la volontà, i sentimenti di autentici gruppi sociali.

Perciò il nostro sforzo sarà indirizzato a individuare e preparare i corpi separati senza dei quali non sarà possibile dar vita, per integrazione, alla fabbrica comunitaria:

a) la Comunità come consorzio di comuni minori od organo di decentramento dei grandi comuni, avente personalità giuridica, dotata di propri organi economici istituiti dalla sua propria divisione dell'Economia Sociale;
b) la Comunità di fabbrica, rappresentativa dei dirigenti, specialisti, tecnici, lavoratori, costituita in una forma di associazione economica. Il congegno che darà vita ai relativi organi direttivi dovrà tener conto delle esperienze non sempre positive raggiunte dai consigli di gestione, poiché le Comunità di fabbrica sono destinate a prendere in modo assai più coerente e definitivo i compiti attribuiti alla parte elettiva dei consigli di gestione. Questo argomento, al quale avevamo dianzi accennato, meriterà più ampio svolgimento;
c) gli Istituti industriali di gestione destinati a rappresentare più vasti interessi collettivi, ad assicurare il collegamento con gli istituti scientifici, a garantire

un controllo sull'ordinamento del lavoro. Essi dovrebbero prendere vita dalle Regioni;
d) istituzioni permanenti a carattere integrativo, capaci di assicurare alla fabbrica comunitaria un maggior rispetto della persona umana e delle necessità sociali del lavoratore, rispetto che pur essendo troppo spesso negato nella industria privata, rischia, se non difeso da organi appropriati, di venir a mancare anche nel nuovo ordinamento.
Le circostanze storiche in cui potrà attuarsi la trasformazione strutturale delle aziende determineranno soluzioni transitorie o complementari.

Abbiamo dunque prospettato a grandissime linee uno schema inteso a esemplificare, precisare praticamente, la nostra concezione pluralistica e federalista della proprietà industriale, capace di assicurare il progresso tecnico e l'interesse del lavoro in una atmosfera di armonia assicurata dalla presenza di una Comunità concreta.
Il compito del nostro Movimento è complesso.
Primo, si tratta di lumeggiare in sede teorica le caratteristiche dei nuovi istituti, dimostrare la loro vitalità e la loro efficienza. In secondo luogo si tratterà

di operare incanalando gli sforzi sindacali e politici nella creazione dei necessari strumenti di lavoro, le pietre angolari su cui poserà il nuovo edificio.

Dovete conoscere i fini del vostro lavoro
è un discorso pronunciato a Ivrea nel giugno 1945, non è noto il giorno. È stato pubblicato per la prima volta in *La riforma politica e sociale di Adriano Olivetti* (1942-1945), a cura di Davide Cadeddu, Quaderni della Fondazione Adriano Olivetti, 2006, e nel 2013 da Edizioni di Comunità nell'antologia di scritti olivettiani *Il mondo che nasce*.

Rispetto al testo originale, nell'attuale edizione sono stati apportati alcuni minimi aggiornamenti formali e di lessico per agevolare la lettura.

Dovete conoscere i fini del vostro lavoro

Ho lasciato passare un tempo abbastanza lungo dal mio ritorno fra voi, qualche settimana, prima di rivolgere la parola a voi tutti.
Il destino aveva voluto che io fossi uno dei primi a essere allontanato. Fu questo un privilegio che mi permise un lungo periodo di isolamento, che sebbene mi abbia dato modo di portare a termine taluni studi, fu non di meno isolamento vero e proprio, tale che io ho sentito e in parte sento ancora, un vero e proprio distacco fra me e tutti voi, fra me e questa fabbrica che, un tempo ancora non lontano, era così piccola che quasi si poteva dire che se ne conoscessero tutte le vicende umane e materiali, che si conoscesse ogni uomo, e che si conoscesse ogni fatto.

Questo discorso lo sentite voi stessi ed è la cagione per cui una fabbrica può perdere la sua umanità, che è fatta di conoscenza e di comprensione.
Ma perché questa comprensione abbia un vero valore, deve essere reciproca, e affinché questo accada, voi dovete essere messi in grado di conoscere dove la fabbrica va e perché va.
È quello che in termini sociologici si potrebbe chiamare dare consapevolezza di fini al lavoro.
La soppressione della libertà, nel passato regime, rendeva praticamente impossibile creare una simile situazione. In verità, negli ultimi anni soprattutto, noi non lavoravamo più per un vero fine, si lavorava soltanto per un andare avanti un po' confuso, per non dover sparire, per un dover difendersi.
Il nostro sforzo nel passato non era stato però del tutto vano, del tutto privo di significato. Mi piace ricordare a grandi linee i due tratti essenziali della nostra storia più recente, forse soprattutto perché tra di noi vi sono molti giovani e molti sopraggiunti, accolti da poco nella nostra comunità.
Fra il 1928 e il 1934, la fabbrica subì una lunga crisi interna, una trasformazione totale dei sistemi direttivi, mentre aveva raggiunto, prima di quei tempi, un alto equilibrio umano.

Erano i tempi di mio padre e di Domenico Burzio, un binomio per me inscindibile. Io allora ero molto giovane e non avevo capito di loro che una parte. Vi era una realtà nel loro esempio, nel loro modo di affrontare i problemi della fabbrica, che sfuggiva a un esame razionale, a un esame unitario, a un esame che volesse confrontare le cose col metro dei raffronti, che volesse paragonare le cose soltanto ai risultati.
Questo qualcosa, l'ho detto, era invisibile ed era la loro grandissima umanità, per cui nella loro superiorità, quando discutevano o esaminavano il regime di vita o il regime di fabbrica, ciascun lavoratore era pari a loro, era un uomo di fronte a un uomo.
Ma allora la fabbrica aveva 600 operai. Il regime dell'economia, il regime dei mercati, il regime di concorrenza esigevano un rinnovamento, esigevano di incamminarci su una strada nuova, verso l'idea di una grande fabbrica.
C'era al di là dell'Atlantico il modello, c'era una spinta quasi inesorabile ad andare verso un nuovo stato di cose più grande, più efficiente, dove molti più lavoratori avrebbero trovato ragione di esistenza.
Ma mio padre esitava, esitava perché – e me lo disse per lunghi anni e per lunghi momenti – perché la grande fabbrica avrebbe distrutto l'uomo, avrebbe

distrutto una possibilità di contatti umani, avrebbe portato a considerare tutto l'ingranaggio umano come un ingranaggio meccanico.
Ogni uomo come un numero. Ma il cammino aperto si dispiegò ugualmente. La fabbrica aveva la sua logica e questa logica si sviluppò inesorabilmente. Nel 1934 gli operai salirono a 1200, nel 1937 a 2000, nel 1940 a 3000.
La macchina scientifica si era messa in moto, gli uffici tecnici si ingrandivano, nuovi prodotti erano studiati, erano messi in produzione, erano venduti. Ogni anno gli architetti studiavano degli ingrandimenti. C'era qualche cosa di bello in questo, c'era un certo orgoglio nel vedere dalla vecchia fabbrica di mattoni rossi uscire queste grandi vetrate moderne. E a poco a poco delinearsi la fabbrica come è attualmente.
L'uomo però non era stato completamente dimenticato. Il sistema della retribuzione standard non era cattivo. Fu in generale accolto bene. Si dimostrò molto superiore ad altri sistemi che furono in quel tempo impiegati in Italia, come il tragico sistema Bedaux. Per lunghi anni assicurò un miglioramento di vita e un regime non intollerabile, permise alle

nostre macchine di essere vendute in Argentina, in Svezia, in Francia e in decine di altri mercati, contribuendo così al progresso della nostra industria. Furono a poco a poco perfezionate le istituzioni di assistenza. Nel 1934 si sviluppò l'assistenza medica di fabbrica, nel 1935 iniziò nella sua forma primitiva, ma già sufficiente, l'asilo, nel 1936 sorgeva il Centro Formazione Meccanici per dare a poco a poco vita a un complesso sistema atto ad assicurare ai vostri figli il più grande beneficio che dà la ricchezza: la certezza di un'istruzione conforme al proprio talento e al proprio merito. Nel 1938 sorge la mensa nella sua primitiva forma.

L'ultimo, importante provvedimento assistenziale fu la creazione dell'ALO, che abbiamo ripristinato in questi giorni nella sua forma primitiva. Specialmente in questa forma di solidarietà verso la più alta espressione e il più alto sacrificio dell'umanità che è la funzione materna, noi esprimiamo, col nostro istituto, la nostra intera solidarietà, affinché nessuna madre, e qui diremo meglio nessuna operaia che sia madre, possa vedere con invidia e con dolore quelle madri che hanno la gioia di tenere in una casa, i primi mesi di vita, il loro bambino.

La guerra, in principio appena sentita, in principio sentita da noi soltanto come uno scandalo morale, come una cosa che ripugnava profondamente al nostro animo di uomini e di italiani, ma che non comportava gravi sacrifici, sopraggiunse. La durezza della guerra e il peggiorare delle condizioni di vita furono fenomeni lontani, ma intanto la fabbrica procedeva in una falsa direzione e in una falsa vita. Invece di guardare in fondo ai nostri problemi, noi e i nostri dirigenti vivevamo alla giornata, invece di guardare avanti nell'avvenire, impegnavamo le nostre capacità e la nostra intelligenza in sterili questioni che bisognava discutere di fronte a prefetti o a segretari federali ai quali nulla importava quello che era stata per noi, da lunghi anni, la nostra fatica e il nostro sogno: fare di questa fabbrica un mezzo migliore di vita e di comunanza sociale. Perché tale era l'insegnamento della nostra guida spirituale che ancora era tra noi, mio padre.

Le crisi del 25 luglio e dell'8 settembre accentuarono questa situazione. E poi si entra allora nel buio pauroso dei lunghi mesi dell'occupazione tedesca. È a me facile oggi il ritorno, solo reso triste dall'assenza di persone care, ma se vi è miracolo nel ritrovare ogni uomo, ogni macchina, ogni vetro, io ringrazio profondamente i Caduti, i 17 nostri compagni che in questo grande sforzo collettivo, in questa rinascita di popolo che è stata la lotta per la liberazione, hanno fatto sacrificio della loro vita affinché la fabbrica fosse salva e il paese dimostrasse al mondo che non poteva dividere la responsabilità dei nazisti e dei fascisti. Ciascuno di voi in questi lunghi mesi ha compiuto il suo dovere. Taluni di voi, e soprattutto quelli più in alto nella responsabilità, i dirigenti, ebbero difficili incarichi e fecero anche sacrificio di una cosa di cui ogni uomo deve essere gelosissimo: la stessa loro reputazione. Bisogna avere il coraggio di dire la verità, anche se talvolta è spiacevole. La direzione sembrò talvolta accomodante, talvolta fu costretta a scendere a compromessi, ma bisognava evitare a ogni costo che la fabbrica producesse materiale da guerra, bisognava evitare a ogni costo l'invio di forti masse di operai in Germania, bisognava evitare a ogni costo l'invio di macchinari in Germania, bisognava a ogni costo, negli ultimi giorni, evitare la distruzione dello stabilimento.

Questo risultato fu ottenuto e non valgono recriminazioni, non valgono i se e i ma. Ciascuno ebbe il suo compito. Per taluni fu di gloria, per taluni fu di rinuncia, per taluni di intransigenza, per taluni fu di arrendevolezza: fu necessario talvolta cedere sulla forma perché la sostanza rimanesse intatta. La storia degli urti, delle pressioni, dei ricatti, la difficoltà delle situazioni non è a tutti ben presente, e ai critici è facile ora giudicare una situazione che la provvidenza ha risolto insperatamente bene. Se tuttavia l'onore è salvo, la provvidenza ha voluto in voi operai segnare lo strumento di questo riscatto morale. I vostri scioperi arditi, le vostre dimostrazioni contro le atrocità tedesche, sono vostri grandi meriti, sono il segno della vostra forza, del vostro coraggio, il segno che un mondo è tramontato e che domani davvero, lentamente ma inesorabilmente, un nuovo mondo sorge. C'è in queste mie parole di ottimismo e di speranza una certezza, una fede che non può essere oscurata dalle mille ombre di una situazione tremendamente difficile. L'Italia è nella situazione della Germania del 1918: c'è stata una catastrofe, una guerra perduta, c'è una svalutazione monetaria che non sembra aver fine, c'è una crisi economica.

Se non arriva il carbone dai porti italiani o dalle strade ferrate dell'Europa centrale, fra pochi mesi tutto il paese è gettato nella disoccupazione.
C'è una crisi di civiltà, c'è una crisi sociale, c'è una crisi politica. L'ingranaggio della società che è stato rotto nell'agosto 1914 non si è più potuto ricostruire, non ha mai più funzionato, e indietro non si torna. Allora, amici, vorrete domandarmi: dove va la fabbrica in questo mondo? Cosa è la fabbrica nel mondo di domani? Come possiamo contribuire col nostro sforzo e col nostro lavoro a costruire quel mondo migliore che anni terribili di desolazione, di tormenti, di disastri, di distruzione, di massacri, chiedono all'intelletto e al cuore di tutti, affinché giorni così tristi né i nostri figli né i figli dei nostri figli e molte generazioni ancora dovranno, una seconda volta, affrontare?
Ardua è la mia risposta e arduo il cammino per una nuova meta. Non pretendo oggi di rispondere esaurientemente all'interrogativo. Ma questo sta nel cuore di tutti voi, come una speranza che illumina la vostra giornata di lavoro, con una certezza che non renda vani i sacrifici già fatti e quelli che ancora sono sulla vostra strada.

Cosa faremo, cosa faremo? Tutto si riassume in un solo pensiero, in un solo insegnamento: saremo condotti dai valori spirituali, che sono valori eterni. Seguendo questi i beni materiali sorgeranno da sé senza che noi li ricerchiamo.

Nel Vangelo di Matteo questo pensiero è espresso: «Non siate dunque con ansietà solleciti dicendo – Che mangeremo, che berremo o di che ci vestiremo? – Perché il Padre vostro giusto sa che avete bisogno di tutte queste cose. Ma cercate prima il Regno e la giustizia di Dio e tutte queste cose vi saranno sopraggiunte».

Adriano Olivetti

Adriano Olivetti nasce a Ivrea, tra Torino e la Valle d'Aosta, nel 1901, figlio di padre ebreo e madre valdese. Nel 1908 il padre Camillo fonda la "Prima fabbrica italiana di macchine per scrivere", mentre Adriano cresce con i cinque fratelli in un ambiente libero e laico, trascorrendo le giornate all'aria aperta sulla collina dove sorge un ex convento trasformato in abitazione. Sperimenta il lavoro di fabbrica nel 1914 e partecipa, come volontario, alla prima guerra mondiale. Negli anni delle lotte operaie vive a Torino, dove si laurea in Ingegneria al Politecnico e collabora a riviste militanti vicine a Piero Gobetti, in molti casi sostenute anche dal padre. Insieme a Pertini, Parri e Carlo Rosselli aiuta Turati, perseguitato dal fascismo, a scappare in Francia, ma con l'inasprirsi del regime interrompe ogni attività politica, anche se verrà schedato come sovversivo. Decisivo è un viaggio negli Stati Uniti nel 1925, dove osserva la nuova organizzazione del lavoro. Al ritorno comincia a collaborare con il padre, introducendo nuovi metodi in azienda e diventandone Direttore Generale nel 1933. Negli anni prima della guerra apre un moderno ufficio di comunicazione a Milano, approfondisce gli interessi architettonici e urbanistici fino a coordinare gli studi per un piano regolatore della Valle d'Aosta (1936) e getta le basi, nella relazione tra impresa, territorio e lavoratori, per gli interventi che, dopo la guerra, porteranno la Olivetti a diventare un'azienda d'avanguardia nell'innovazione sociale e urbanistica. Vive la seconda guerra mondiale come un trapasso di civiltà e approfitta del rifugio in Svizzera, tra il 1944 e il 1945, per scrivere il suo manifesto teorico: *L'Ordine politico delle Comunità* che pubblicherà nel 1945. Figura unica di uomo d'impresa e intellettuale, attrae attorno a sé molti dei più brillanti cervelli in circolazione (sociologi, psicologi, scrittori, poeti, economisti), embrione della migliore classe dirigente dell'Italia repubblicana, affidando a ciascuno di loro precise funzioni, o in azienda o nelle sue attività sociali e intellettuali. Insieme alla casa editrice Edizioni di Comunità e al Movimento Comunità, nati nel 1946 e nel 1947, fonda la rivista «Comunità», tutti strumenti della sua lotta politica e culturale volta alla modernizzazione sociale ed economica del paese. Gli anni Cinquanta sono quelli della piena affermazione internazionale della Olivetti, che conta 36.000 dipendenti in tutto il mondo. L'azione politica diviene diretta, culmina con l'elezione di Adriano a deputato nel 1958 e coincide con i miglioramenti introdotti nella vita di fabbrica. Sempre nel 1958, acquista la Underwood, azienda americana di macchine per scrivere, e promuove la nascita dell'elettronica con la Olivetti in prima linea a livello mondiale. La morte nel febbraio 1960 interrompe una vita straordinaria e tutta rivolta al futuro, all'idea di una comunità tecnologicamente avanzata, solidale, partecipe e giusta.

Per raccogliere e proseguire il suo impegno civile e le attività comunitarie all'insegna del simbolo della campana, due anni più tardi i collaboratori più stretti e la famiglia istituiscono la Fondazione Adriano Olivetti.

Collana *Humana Civilitas*
Cinque scritti di Adriano Olivetti per riflettere su altrettanti temi chiave nella discussione politica e culturale attuale, presentati da alcune tra le voci più autorevoli del panorama culturale italiano, per permettere ai testi originali di liberare la loro straordinaria modernità.

1. *Ai Lavoratori*
2. *Democrazia senza partiti*
3. *Il cammino delle Comunità*
4. Le fabbriche di bene
5. *Noi sogniamo il silenzio*

Finito di stampare nel settembre 2017
per conto di Comunità Editrice
da Cierre Grafica, Sommacampagna (VR)

Salviamo le foreste!
Questo libro è stato stampato su carta FSC® Fedrigoni Oikos.
Il marchio FSC® (Forest Stewardship Council®)
identifica i prodotti che contengono legno proveniente
da foreste gestite in maniera corretta e responsabile,
secondo rigorosi standard ambientali,
sociali ed economici.

FSC
www.fsc.org
MISTO
Carta
da fonti gestite in
maniera responsabile
FSC® C041414